# 香港國際詩歌之夜 2013
# INTERNATIONAL POETRY NIGHTS IN HONG KONG



編輯 Editors

北島 Bei Dao

陳嘉恩 Shelby K. Y. Chan

方梓勳 Gilbert C. F. Fong

柯夏智 Lucas Klein

馬德松 Christopher Mattison

曼娜・埃爾芬
Menna Elfyn

# 目錄 Contents

# 1 **Broits**

*Er cof am Stephanie Macleod*

Y mae lle i allanolion—
clustdlysau, ambell fwclis,
breichledau o feini bychain;

ac eto, o'r meddal fewnolion
y gweithiwn froits drwy fywyd—
yn dlws atgof ar ôl ein dyddiau,

roedd dy froits di yn un llachar:
angerdd ar waelod y bachyn,
cadwen fach, rhag ei cholli.

Heddiw, eraill fydd yn ei gwisgo—
y tlws a grewyd o fynwes euraid,
gan ddal llygaid yr haul—a'n dallu.

# 胸針

（紀念斯苔芬尼．麥克利奧德）

他們自出一地，這些珠寶配件
耳環， 形狀古怪的項鍊
寶石鑲嵌的手鐲……

然而，出自柔軟的內心
我們精雕細琢， 一生的胸花
那鑲金佩玉的恩物會活得比我們更長

你的，曾經是一隻光彩熠熠的胸花
熱情打磨出的扣針
項鍊輕鎖
將被他人所佩戴
黃金心所鑄的首飾啊
它將盛載陽光，令人眩目

*（謝凌嵐譯，2009 年在倫敦地鐵展出）*

## Brooch

*In memory of Stephanie Macleod*

They have their place, accessories:
earrings, the odd necklace,
gemstone bracelets ...

and yet, it's from the soft inner depth
we work the brooch of our lives,
that jewelled keepsake set to outlast us.

Yours, it was a brooch ablaze—
the passion-crafted clasp,
the light chain to keep it safe;
others, now, will wear your brooch—
this jewel fashioned from a golden heart.
It will catch the sun. It will dazzle us.

*(Translated by Elin ap Hywel; displayed on the Underground London 2009)*

## 2 **Arian sychion**

*I Maha El Said*

Hyd yn oed heb ei dolach yn ei ddwylo
nid oes hafal i gyfalaf ambell ŵr.
Ac er mai i'r pant y rhed y dŵr,
rhaeadr
sydd ar waelod tyle.

I hen wraig ar gyrion Cairo,
bydd yn golchi ei harian
yn foreol cyn eu rhoi
ar lein ddillad—
yn bapurau gwlybion.

Yno, byddant yn suo a siglo'n y gwynt
cyn deffro ar eu hynt yn ddi-haint.
Yn yr oes hon, rhaid sgwrio am arian
glân.

## 骯髒之物
（給馬哈・埃爾薩伊德）

一個男人不必雙手撫掌，裝腔作勢
外人也能知道他富敵天下
金錢生錢
財富展翅欲飛

在開羅的外城，一個老婦
每天早晨浣洗她的筆記
然後
把每張紙晾曬起來

這些紙張在隨風擺動，竊竊私語
第二天清晨
潔身於世，
你如果想把自己的鈔票洗乾淨，你得親手搗練浣洗

*（謝凌嵐譯）*

## Filthy Lucre

*For Maha El Said*

A man has no need to rub his hands together
for others to know his wealth is unsurpassed,
and although money begets money
riches have wings.

On the outskirts of Cairo an old woman
washes her notes each morning,
then
hangs the wet papers out to dry.

There, they will whisper and sway on the wind;
next morning,
go out into the world, purified.
If you want your money clean these days, you must
scour it yourself.

*(Translated by Elin ap Hywel)*

## 3 Halen y Ddaear

"Aur gwyn" bob tamaid
oedd ple gwastad y cread.

A hi oedd â'i thraed ar y ddaear,
er i bregethau dywallt,

cadwai bethau yn eu lle,
gan wybod eu gwerth.

Deallai bod i bob aberth
rhyw rym halltog. Gormod

neu rhy ychydig, mor ddifaol
oedd, yn frath

ar friw i'r sawl a'i fwynodd.

* * *

Un dydd, rhois iddi felin halen
un tryloyw goruchafol.

Hi fu'n tolio yn fân
ac yn fuan, â'i bys a'i bawd

yn deall ei gyfoeth mewn lluniaeth
wrth doddi'n anwel. Dewinydd oedd.

* * *

Daeth y rhodd yn nes adre—
awrwydr ailfeddiannwyd

ar liain gwyn heb fendith.
Eto, ynghudd mae gronynnau wasgarwyd.

A weithiau, gallaf glywed ei llais o hyd
yn awgrymu'n dawel "Pasiwch yr halen."

## 鹽

他們稱之「白色的金子」
這些人篤信地球是平的

她來自於另外一族
那裡巫師佈道，巫語滿天飛

萬物皆有道
鹽是如此珍貴

「所有敬天的祭祀之物
都應
灑上鹽粒」
太多或者太少

都可能虐殺，連如何撒鹽
都可能刺痛
那些粒粒皆辛苦的鹽工

* * *

我送給她撒鹽器的那天
（透明的有機玻璃的磨鹽器
她或許已經把它託付
於海底

就像那個黑暗的民間傳說
為什麼海是鹹的）
她輕巧地搖動鹽瓶

無聲無形
用她的魔術師的手

* * *

這件禮物最終歸還給我
像一隻沙漏

在潔白的臺布上
漏出的鹽粒都無影無蹤

有時她的聲音言猶在耳
屏聲輕氣，她在耳語，「請把鹽瓶遞給我」

*（謝凌嵐譯）*

---

譯註：

1. 第7–9行：來自於《聖經．利未記》第2章13節。
2. 第19行：據挪威民間傳説，海底有隻巨大的磨鹽器，海鹽從其所出。

## Salt

"White gold" they called it,
the flat-earthers.

And she who was of an earth
where sermons poured

and kept things in their place
knew how precious it was

how "whatsoever sacrifice
thou offerest, thou shalt
season it with salt,"
how too much or too little

can kill, how to spill it
stings the wounds
of those who mined it.

* * *

The day I gave her the grinder
(the see-through salt-mill
she would have consigned
to the sea bed

in that dark tale
*Why the Sea is Salt*)
she worked on, lightly

proving invisibility
with magician's hands.

* * *

The gift has come home to me—
seized hour-glass

on a white table cloth
where the spilt grains hide.

And sometimes I still hear her voice
in a hush, asking "Pass the salt please."

*(Translated by Paul Henry)*

---

Translator's Notes:

1. Lines 7–9: Leviticus 2:13.
2. Line 19: Norwegian folk tale where a mill on an ocean bed grinds the sea's salt.

## 4 Cusan Hances

> Mae cerdd mewn cyfieithiad fel cusan drwy hances
>
> —R. S. Thomas

Anwes yn y gwyll?
Rhyw bobl lywaeth oeddem

yn cwato'r gusan ddoe.
Ond heddiw ffordd yw i gyfarch

ac ar y sgrin fach, gwelwn
arweinwyr byd yn trafod

hulio hedd ac anwes las:
ambell un bwbach. A'r delyneg

o'i throsi nid yw ond cusan
drwy gadach poced medd ein prifardd

minnau, sy'n ymaflyd cerdd ar ddalen
gan ddwyn i gol gariadon geiriau.

A minnaf hyn. A fo gerdd bid hances
ac ar fy ngwefus,
sws dan len.

# 手絹間的吻

翻譯後的詩讀起來就像隔著手絹接吻

——R. S. 湯瑪斯

黑暗中的擁吻
我們這些膽小鬼

昨天的秘密輕吻
今天是普通的道賀

在電視機的小螢幕上，我們觀看
世界領袖們商榷國際和平

他們冷淡地擁抱
蛇蠍一般輕吻

翻譯之詩猶如
隔著手絹的接吻，莎翁如是說
而我，我在書頁間擁抱這些詩
詩帶來詞彙的情人
讓這些詩句帶著手絹

留在我的唇上
一個面紗後的吻

*（謝凌嵐譯）*

## Handkerchief Kiss

> A poem in translation is like kissing through a handkerchief
>
> —R. S. Thomas

A caress in the dark?
What a tame lot we were

with our secretive yesterday's kisses.
Today, it's a common greeting,

and we watch on the small screen
world leaders deal peace

with a cold embrace,
or an adder's kiss. The lyric

translated is like kissing
through a hanky, said the bard.
As for me, I hug those poems between pages
that bring back the word lovers.
Let the poem carry a handkerchief

and leave on my lip
its veiled kiss.

*(Translated by Gillian Clarke)*

## 5 Iâ Cymru

*Ar ôl darllen bod yna ddarn o iâ, o'r un maint â Chymru yn toddi bob blwyddyn yn yr Antartig*

Eira'r oen a iâ, dau efaill yn wir,
Rhew yn y glesni olaf, dan ei sang—
Ymddatod wnant eu beichiau, gadael tir.

Anadl o'r anialwch, yn flasau sur,
Cnu o gusanau dros ehangder maith,
Eira'r oen a iâ, dau efaill yn wir.

Fflochau'n arwynebu eu pigau ir,
Beddargraff pob teyrnas, yn toddi'n llif,
Ymddatod wnânt eu beichiau, gadael tir.

Cotwm tylwyth teg, gwawn yn pefrio'n glir,
Cloeon ar led, pob Enlli fach ar ffo,
Eira'r oen a iâ, dau efaill yn wir.

Meirioli gwlad? Ai dyma arian cur?
Pob Cantre'r Gwaelod yn ddinas dan do?
Ymddatod wnânt eu beichiau, gadael tir.

O'r Pegwn pell, glasddwr yw'n hanes hir,
Wrth ymryddhau, bydd llithro ach i'r lli;
Eira'r oen a iâ, dau efaill yn wir,
Ymddatod wnânt eu beichiau, gadael tir.

## 威爾斯冰山

（有報導說南極每年融化流走的冰山，有整個威爾斯國土那麼大）

最後，他們都化成同類，威爾斯冰和春天的霜
在足底融化成藍色的積水
他們離開我們的方式大同小異，很快就消失殆盡

只有最苦澀的呼吸盤桓於冰川上
它親吻白色的海岸，留下白色的花環
威爾斯冰山和春天的霜凍，化身同體。

一個王國應該在洪水中開始和了結
冰川之頂寫滿墓誌銘
他們離開我們的方式都大同小異，他們沉淪於不復

我們並非蜘蛛網，或者鬼魅的傳說
一個王國在瞬間消失，只消輕轉鑰匙
威爾斯冰山和春天的霜凍，化身同體
歷史融化。但何時水銀柱才能顯示
慈悲或者記憶究竟謀殺了誰？
他們離開我們的方式都大同小異，他們消失殆盡

從極地開始解凍，
很快我們沒頂於藍色的海平面之下，只剩下傳説
威爾斯冰山和春天的霜凍，化身同體；
他們離開我們的方式都大同小異，他們沉淪於不復

*（謝凌嵐譯）*

## Welsh Ice

*After reading that a piece of ice, the size of Wales, floats away in Antarctica every year*

They're becoming the same, Welsh ice and spring frost,
Both worn underfoot to a blue wafer,
How alike as they leave us, how soon they'll be lost.

Only bitterest breath comes over the glacier
Where kisses are white wreaths upon a white coast.
They're becoming the same, Welsh ice and spring frost.

A kingdom must start or finish in flood.
There's some iceberg with our epitaph written on its
crown.
How alike as they leave us, how deep they'll go down.

We're scarcely a cobweb, a rumour of ghosts,
And a country might vanish at the turn of a key.
They're becoming the same, Welsh ice, spring frosts.
History thaws. But when has mercury shown
Mercy or memory of what it murders?
They're alike as they leave us, how soon they'll be gone.

It starts at the pole in a kind of unlocking
And soon we're a legend beneath a blue level.
They're becoming the same, Welsh ice and spring frost;
So alike as they leave us, so soon to be lost.

*(Translated by Robert Minhinnick)*

## 6 **Botwm i'r botwm bol**

*I Fflur ar ol prynu anrheg di-werth—sef tlws botwm bol*

O bob botwm a agorais erioed, ti oedd yr un
a agorodd lygad fy ngwisg. A'th gael yn eilun.

Y ffos fechan honno, dan fandej cêl;
ceulo smotyn gwaed, ger pìn diogel.

A chraith-dro arnat. Nod o'r toriad glân,
cyn ennill bloneg. Yn gwmni anniflan.

Y botwm bol? Beth yw ond brathnod o'r co'
a'r cwlwm a fu rhyngom, curiad sy'n eco

o orfoledd. Wrth i ti gyrraedd at ddrws,
a'r daith drwy lawes goch, a'r dyfod seriws

i fyd sy'n llond botymau. Rhai prin a rhai pres.
Rhai sy'n agor a datod. Rhai sy'n cau 'n gynnes

amdanom. A chyfrin un fuost, ti a'th fotwm cudd
dan fynwes. Yn 'matryd hebof holl ddefnydd

dy einioes, ar wahân. A'r glasliw o dlws ar fogail
yw'r papur carbon sy'n blotio'n glir holl sail

dy fodolaeth. Yn rhannu a thorri bol.
Botwm siâp y byd yw,
nam perffaith, beunyddiol.

## 肚臍之歌

（給我女兒，在她的21歲芳辰，為她買了一枚最無用的首飾，一枚肚臍環）

在所有我開合過的鈕扣裡，你與眾不同
你開合我
肌膚下的小小傷口
藏起曲別針留下的疤痕

它向訣別致敬
在我們將分未分的時刻，一生的牽掛

是肚臍嗎？它只是記憶的漩渦
夏天的雲升起，一隻白色的小鬧鐘

我狂喜，當你降生
你發現一個鈕扣密佈的世界

銀色的鈕扣，或者赤銅色，把我們緊緊裹住，或者
　　拆散
但遲早我們都殊途同歸

如此一團神秘，你是一枚感測器

告訴我這個世界的體溫

現在我端詳著你佩戴的肚臍環， 藍色的小釘
可以觀察你細微幽深的小螢屏

胴體之極限下
我們怎樣才能排遣孤寂
點數我們之間的鈕扣，如同點數星星

*（謝凌嵐譯）*

## Belly Button Song

*For my daughter after buying her the most worthless of gifts on her 21st birthday—a jewel for her belly button*

Of all the buttons, I ever opened, you were the one
That like no other, undressed me.
That little wound tucked under its plaster
Hid a bloodspot as if left by a safety pin.

For a while it seemed a tribute to a clean cut
Before we separated and grew inseparable.

The belly button? What is it but memory's whirlpool,
A summer cloud between us, the little white clock

Of ecstasy? But when you were born
You discovered a world that's full of buttons,

Some silver, some brass, some that hold us tight or
    strip us bare
What's sure is, late or soon, we're all undone.

But such a mystery you were, a little sensor
That can tell me the world's temperature,

And now I see in this blue nail in your navel
A tiny screen where I might watch you whole

And if flesh allows what the flesh allows
How might we ever know loneliness
Counting buttons, like the stars, between us.

*(Translated by Robert Minhinnick)*

## 7 **Drws yn Epynt**

*Ar ôl i wraig ofyn i swyddog o'r fyddin am gael cadw ei "drws"*

Mae yna ddrws sydd yn cau yn ei gyfer
a drws sydd yn drysu amser,
a'r gnoc sydd yn destun dwyster.

Ac er mor anial oedd ei hannedd,
yr aelwyd hon oedd man cyfannedd,
dan ddrws doi curwynt tangnefedd.

Nid adwy, na chroesi rhyd a orfu,
na gelyn—dim ond cennad deddfu;
"Lle perffaith i las fyddin i saethu."

Yna, ar frys gyda gwŷs, cael gwared
â phreswylwyr y tir, ar drum nodded,
wrth ildio i'r lifrai gwargaled.

Nid heb lef. Cyn troi allan, dyma ofyn

"A ga' i'r drws a'r bwlyn i'r bwthyn?"
Yn waglaw, disgynnodd i'r dyffryn.

Eto weithiau, ar lym awel, clywn ddychryn—
brath y drws yn agor, cau'n gyndyn.
"Gwrando pa drwst." "Daear a gryn." Gan erfyn.

## 埃及的一扇門
（出離埃及前夕，一個女人問是否能帶走一扇門）

有一扇門自開自閉
一扇欺瞞時間的門
輕輕叩打，旋即聽到爭吵
即使遠離故土
這爐臺目睹她的小宇宙
內在的溫馨安寧，如陣陣涼爽之風
沒有矛盾對抗
不曾樹敵，但是只消一紙購買書
「這裡是無業無產者的美好家園」
攜帶著法令，軍警在驅逐
村民們在匆忙中離散，小坡上的難民營
重型火力槍所向披靡

不是沒有哀求，被逐之前
「能不能讓我保留這扇農舍的大門？」
兩手空空，她背井離鄉

當風自東方肆虐，我聽到恐怖
那扇門被狠狠關上，旋即又打開
聽著那門的吱啞作響，大地在顫抖，哀求

*（謝凌嵐譯）*

## A Door in Epynt

*Before leaving Epynt, one woman asked if she could take her door with her*

There's a door which closes by itself,
a door that deludes time,
one knock and there's fighting talk.
And although she lived in the back of beyond
this hearth was her harmony,
its underlay, the chill of tranquillity.
No stand-off or ford to cross,
no enemy but the purchase order:
"A perfect place, this, for a squaddie's mess."
Armed with warrants, in haste they removed
the people from the land. Then the hills of refuge
surrendered to the combats' heavy outfits.

Not without a plea. Before turning her back:
"May I keep the door to the cottage?"
Empty handed, she left for the village.

Yet, when the east wind howls, I hear terror—

the door slam shut and, then, flung open.
Listen to its sounds. Earth shakes. Pleading.

*(Translated by Elin ap Hywel)*

## 8 Mwlsod

Fe'u gwelais drwy wydr,
yn glaf amdanaf droes a llaw;
eu gwadnau rwber yn nadu
y gallwn pes dymunwn
agor grwn esmwyth ar hyd lon
a'i llond hi o lonyddwch.

Seibiannent am rwyddineb
y weithred o amgloi rhyw hoe
a'i horig yn ddiddigrwydd;
anifeiliaid anwes, wrth draed
eu meistres, yn erfyn maldod,
bysedd mwys yn y diwedydd.

Ni does cefn cau i'r llopanau hyn.
Deallant ysfa'r mynd a dyfod,
i gamu allan ac yn ol dan gysgod.
Deallant rinwedd yr holl anheddau
sy'n tawelu deiliaid i ymneilltuo,
i fynd o dow i dow—
teyrngar rai sy'n dal eu tir

yn ddistaw bach ar droedle.

A daw eu defnydd, ambell awr
i ganu am y byd tu hwnt
i roi eich dwy droed ynddi;
wrth erchwyn gwely, byddant yno
yn geidwaid hawdd-eu-cael
er y traed pridd a'u bendithia.

Ac yn y bywyd hwn
lle mae gwadnau caled
yn concro'r concrid,
sodlau clinc-clonc
yn tarfu ar wylaidd dorf
a'u staccato o statws,
mae angen y rhai llariaidd
i sibrwd wrth y ddaear
mor isel ydym—megis mwlsod.

Gwyn eu byd y llaprau o lopanau—
a etifeddant y ddaear—o leiaf weithiau.

# 騾子

我透過玻璃看見他們
這些騾子，心和蹄子都向著我
嘴裡嚼嚼有聲
我多麼希望
沿著小巷開鑿一道淺溝
溝中沉默清如許

讓這些騾子懶洋洋地在溝邊盤桓
小憩片刻
一小時的心滿意足
像蜷伏貴婦腳邊的寵物犬
等待著愛撫
肆意無為，閑拋天光

拖鞋無鞋面
他們理解我來來往往的匆忙
離家奔走，或者黃昏歸來
他們理解家園的安慰
居家人安然守望
漫步庭院

忠誠者堅守立場
沉默著，護衛足下方寸之地

鞋子，用時方知好
他們在世界一隅歌唱
（你可以插足這裡啊）；
他們忠實站立於床腳
像時刻待命的衛兵
即便他們侍奉之主是一雙泥足

在這個世界上
硬底鞋
敲打著水泥路
嗒嗒有聲的鞋跟
結結巴巴地宣佈他們的地位
打破教堂聚會的肅穆

這世界需要卑微者
面朝土地耳語
低微到彷彿騾子

祝福這些低微的拖鞋
是他們接納土地

*(謝凌嵐譯)*

## Mules

I saw them through glass—
longing for me, heart and sole,
their tongues of rubber calling
that I could, if I so wished
open a smooth furrow along a lane
filled with peace and silence.

They lolled around the easiness
of mapping out a small rest,
an hourful of contentment;
lapdogs at their mistress' feet
awaiting caresses—
ambivalent toes at end of day.

These slippers have no backs—
they understand my need to come and go;
to stride out and home in shadow;
understand the virtues of soothing homes
whose inhabitants draw back a little—
ambling along—

the faithful who stand their ground
and mutely keep a foothold.

Their true use comes at times like these—
singing about a world beyond
(you could really plant both feet there);
they'll be here at the foot of the bed
ever present guardians
despite these feet of clay they're blessed with.

And in this world
where hard soles
are slapping concrete—
clinking clanking heels
stuttering their status
cutting across quiet congregations—

the world needs these meek one
to whisper to the earth
how low we are—like mules.

Blessed are the humble slippers
who sometimes, at least, inherit the earth.

*(Translated by Elin ap Hywel)*

# 9 Murmuron

**1**

Sut mae byw yn drugarog
yn y byd hwn?
Dyna'r cwest a'r cwestiwn.

Sut mae cerdded yn ddistaw
heb waedd yn y gwyll
na'r un cysgod erchyll.

A throedio'r byd hwn fe pe bai
baban yn cysgu yn y stafell drws nesa',
fel y rhown y byd rhag iddo deffro.

Murmur bendithion
o gylch y muriau
a gwres serch yn eu seiliau.

**2**

Mur-mur,
waliau yw seiniau

yr heniaith.
Deallwn beth yw “shibboleth,”
yr “s” yn amlwg ar ein tafodau,
yr “sh” “sh” “sh,”
siars mai iaith tawelwch yw.

**3**

Bellach sisial a wna’r awel
ar draws ymarfer
rhyfela
a grwgnach ei grygni’n y grug.

A phan ddywed swyddog o’r fyddin ar Epynt
eu bod bob amser yn tynnu eu hesgidiau yn Affganistan
er mwyn dangos parch i’r bobl,
hynny, ar ôl cicio’r drws i mewn,
rydym yn dawel fel y bedd,
ymhell o’r si ym mrig y morwydd.

**4**

> I urge you please notice when you're happy and exclaim
> or murmur or think at some point—
> if this isn't nice, I don't know what is ...
>
> —Kurt Vonnegut

Mae'r murmur
a wnawn
yn iaith fain

i eraill.
Ymddiheurwn
o gael ein dal

mewn ymson:
rhyw fyngial
ar wefusau.

Ond llonnwn

pan welwn
weithiau

hen ben yn cerdded
y stryd neu tu ôl i lyw
car, yn chwedlu'r awr

gan rannu sgwrs lefn
â fe'i hunan
yn fod lluosog,

diddan.

**5**

> Although you may have an innocent murmur throughout your life, you won't need treatment for it.
>
> —National Heart, Lung & Blood Institute

Byw gyda churiadau a wna bardd,
yn gyson o afreolus:
*lubb-dupp*, a'i alaw
yn cario
goslef a llef sy'n llifo
at gwynion holl fydrau ei waed.

# 細語

一

如何生活，如何呼吸
帶著仁慈？
這是一個問題，共同的窘境
如何輕手輕腳地走過
在黑暗中不哭不喊
在昏暗的時刻
每一步
都不驚醒隔壁睡著的兒童
我們如何靜悄悄地祝福這個世界
不吵醒
轉過牆角
愛在根基

二

牆對著牆
牆是被舊方言的聲音
我們懂得「口頭禪」
唇尖上的s
而捲舌音sh
來自於沉默之語的警告

三

此刻，微風細語
在操縱
難道你聽不到那粗重的呼吸？

當一個埃及軍官宣佈
他們總是入境隨俗，脫下鞋子
在阿富汗
對當地人彬彬有禮
（當然是在砸開大門之後）
在場每個人沉默如墓地
遠處，葡萄藤無聲無息

**四**

> 「我懇請你注意，當你快樂得發癲，高聲宣佈，或者淺吟低唱，或者沉思默想，你要明白這即是幸福……」
>
> ——庫特·馮尼格

細語
我們的聲音

是一種語言
對他人完全陌生
我們以唇語道歉
當獨白
被截獲
嚅喏一句
即在唇上
有時也會欣喜若狂
當我們
驚鴻一瞥
看見別的智者
在街上獨行
或者駕車
或者閒言碎語
消磨時間
他們獨處
「多時空」的存在
包含一切內涵

**五**

「雖然你的心臟時有雜音
但無需治療」

——國家心肺研究院

詩人們的生命節拍
從無規律
滴答聲，它的旋律
帶著一聲音調
穿透所有的心痛
打亂血流於靜脈的節拍

*（謝淩嵐譯）*

## Murmurs

**1**

How to live and breathe
with mercy?
A quandary, a question.
How to walk lightly
without a cry in the dark,
or even a shadow,
and with each step
be aware of the child sleeping next door:
how we'd give the world, not to wake her.
Murmuring blessings
around the walls,
love in its foundation.

**2**

Wall-wall,
walls are sounds
of the old tongue. We understand "shibboleth,"
the "s" is clear on our lips;
the "sh," "sh," "sh,"
a warning that it's the language of silence.

**3**

Now the breeze whispers
over manoeuvres.
Can't you hear the heather—rasping?

And when an army officer on Epynt announces
that they always take off their shoes
in Afghanistan,
as a gesture of respect to the natives,
(after kicking the door down, that is),
everyone is quiet as the grave.
Far away, not a whisper from the grapevine.

**4**

> I urge you please notice when you're happy and exclaim
> or murmur or think at some point—
> if this isn't nice, I don't know what is ...
>
> —Kurt Vonnegut

the murmur
we voice,
is a language
strange to others.
We mouth apology
when caught out
in soliloquy:
a muttering
on the lip ...
... but are pleased too
when
we snatch a glimpse
of some other wise man
walking the street
or behind a wheel
telling tales,
minding the hours
with himself,
a being containing "multitudes"
and all content.

**5**

> Although you may have an innocent murmur throughout your life, you won't need treatment for it.
>
> —National Heart, Lung & Blood Institute

Poets live with beats,
consistently irregular;
*lubb-dupp*, its melody

carries a pitch that flows
through all the heartaches
and meter of the blood.

*(Translated by Elin ap Hywel)*

## 10 Cerdd Gocos

Hi oedd y wraig wrth ein drws,
hwyr brynhawn, basged mewn llaw,
lliain gwyn yn orchudd
fel Cymun heb ei godi.
Yna'n sydyn, clegar o gocos,
islais o "fara lawr"
ar bapur di-saim,
a'r fargen ar y ford.

Adeg swpera wedyn,
byddai mam yn arllwys
tosturi at y wreigan,
ar daith o Benclawdd i Gwm Tawe,
mewn bws decer dwbwl.
A theimlo'r rhyddhad
i'w siwrne tua thre
fod yn ysgafnach:
sylltau yn lle cregyn
—wrth i'n ffyrc anturio'n ffyrnig.

Mae ei gwên gyda mi o hyd,

yn toddi i groeso fy mam;
dwy siâp calon fel cocos,
y rhai fu'n adeiladu
eu tai ar dywod
cyn i'r llanw daenu
ei gotwm ei hun o ewyn.

A'r wraig gocos?
Tonnau gwallt olchwyd dan het,
a'i siôl yn rhidens ar draeth,
machlud ar ddŵr,
fel finegr brag da
sy'n brathu gwefus.

Awelon haf bro Gŵyr
yn chwythu ein mynd a'n dyfod—
gan ddadbacio ennyd o bicnic.
A'r llun rhyfeddol hwnnw
ohoni'n llenwi'r peint cwrw
drosodd a throsodd,

fel diniweidrwydd yn disgyn
nes i'r gwydr niwlog
lwyrymwrthod,

yn wag.

# 拾貝女

下午來的訪客
她的籃子，蓋著亞麻布
像擺放的聖餐
忽然，輕輕地響動
貝蛤和紫菜餅
覆蓋油氈布的底色
她準時送貨

後來，晚餐時
母親總是對拾貝女飽含憐憫
可憐她坐著雙層公車的顛簸
從郭維爾一路到龐塔達維城
歸途叫人欣喜
籃子變輕
貝殼換成銅鈿
食客拿著刀叉指指點點，像在探險

她的微笑還記憶猶新
在母親的歡迎中融化
兩枚心形的貝殼
做成一個貝蛤的家

沙上的家，在海潮回轉之前

拾貝女
我記得她帽子下茂盛的鬈髮
她的披肩是海岸的前劉海
水上的餘暉
如同精釀的蘋果醋
雙唇上飛快的吻

哦，郭維爾鹹味的空氣
飛逝的日子打開野餐
在海葵附近的野餐
最後留下的形象
她站在曼瑟戒酒所的門邊
一手拿玻璃酒杯，一手一遍遍鏟動
貝殼的聖禮
我的純真年代，在陷落
青春期到來
一聲聲空洞的哭喊

*（謝凌嵐譯）*

## The Cocklewoman

The late afternoon caller,
her basket, a linen coverlet,
like the laying of communion;
then suddenly, the cackle
of cockles, *bara lawr*,
an undertone on greaseproof,
and the deal's deliverance.

Later, at suppertime
my mother would season pity
on the poor lady, for her double-decker journey,
from Gower to Pontardawe;
be gladdened too at the thought of her return
all the lighter,
shillings instead of shells,
as we probed with our forks like adventurers.

Her smile is with me still,
melting into my mother's welcome;

two heart-shaped cockles
who built their homes
on sand, before the tide's curl.

And the cocklewoman?
Waves of hair swept under a hat,
her shawl a fringe on the shore;
sunset on water, like
a fine malt vinegar,
a sharp kiss on the lips.

And ah, the salt air of Gower,
days of spins, unpacking,
our picnics, near sea lavender;
and that one amazing image
—her standing at the Manse's teetotal door,
pint glass in hand, scooping,
over and over, her sacrament of shells;
sound of my innocence, descending,

a coming of age,
that emptying, emptying cry.

*(Translated by the author & Elin ap Hywel)*

---

Translator's Note:
*bara lawr*: laverbread.

**曼娜·埃爾芬**是屢獲殊榮的詩人和劇作家，出版逾12 本詩集，當中的《手中鳥》(1990) 榮獲威爾斯藝術局榮譽獎「年度最佳詩集」。埃爾芬的其中 4 卷詩集由 Bloodaxe Book 推出雙語版本，包括《細胞天使》(1996)、《瞎子的親吻》(2001)、《完美缺陷》(2007) 及2012 年秋季為詩集協會推薦翻譯獎獲選的最新詩集《細語》。她亦為威爾斯和美國多位作曲家填詞，並為紐約愛樂樂團1999 年之合唱交響曲《光之林》及近期威爾斯國立歌劇院清唱劇《血肉之字》的填詞人之一。另外，埃爾芬創作了大量舞台劇、廣播劇和電視劇，並自1995 年起於英國威爾斯大報《西部郵報》定期撰寫專欄。她在2002–2003 年度成為威爾斯兒童桂冠詩人，2009 年於撒丁島獲得外國詩歌獎，並獲提名為伊夫林·蘭斯洛特獎的歐洲女詩人，亦獲授予威爾斯文學名譽院士和阿伯里斯特威斯大學皇家文學研究員。2009 年，她獲得威爾斯藝術委員會頒發的獎項，寫成《睡眠》一書。埃爾芬是威爾斯語詩人中最為人熟悉且翻譯作品最多的詩人，其作品已翻譯成18 種語言。她現為威爾斯大學三一聖大衛學院創意寫作碩士課程主任。

*(張志豪譯)*

**Menna Elfyn** is an award-winning poet and playwright. She has published over twelve volumes of poetry including *Aderyn Bach Mewn Llaw* (*Bird in Hand*, 1990), winner of Welsh Arts Council Prize for best volume of the year. Four volumes have appeared bilingually by Bloodaxe Books: *Cell Angel* (1996), *Blind Man's Kiss* (2001), *Perfect Blemish* (2007), and her latest *Murmur*, which was chosen as Poetry Book Society Recommended Translation for autumn 2012. Her other works include libretti for various composers in Wales and America. She is co-librettist for *Garden of Light*, a choral symphony for the New York Philharmonic Orchestra in 1999 and more recently an oratorio for the Welsh National Opera *Gair ar Gnawd* (*Word on Flesh*). She has also written numerous stage, radio and television plays and has a regular column in the national newspaper of Wales, *The Western Mail*, since 1995. She was made Poet Laureate for the Children of Wales in 2002–2003. She received the Foreign Poetry Prize in Sardinia in 2009 and was also nominated for the Evelyn Encelot Prize for European women poets. Her other awards include Honorary Fellow of Welsh Literature and Royal Literary Fellow at the Aberystwyth University. In 2009, she received an award from the Welsh Arts Council to write on "Sleep." She is the most traveled and translated of all Welsh language poets and her work has been translated into eighteen languages. She is Director of the Masters programme in creative writing at the University of Wales, Trinity Saint David.

**出版 Publisher**
香港中文大學出版社 The Chinese University Press

**封面影像 Cover Image**
北島 Bei Dao

**出版日期 Date of Publication**
二零一三年十一月 November 2013

**國際書號 ISBN**
978-962-996-614-0



**香港國際詩歌之夜 2013 International Poetry Nights in Hong Kong 2013**
**主辦單位 Organizers**
香港中文大學文學院 Faculty of Arts, The Chinese University of Hong Kong
香港浸會大學文學院 Faculty of Arts, Hong Kong Baptist University
香港科技大學人文社會科學學院 School of Humanities and Social Science, The Hong Kong University of Science and Technology

**合作夥伴 In Partnership With**
英國文化協會 British Council

**協辦單位 Co-organizers**
時刻文化 Moment Communications
香港中文大學出版社 The Chinese University Press

**贊助 Sponsors**
香港兆基創意書院 HKICC Lee Shau Kee School of Creativity
中國會 The China Club
周凱旋基金會 Chau Hoi Shuen Foundation

Printed in Hong Kong